BEI GRIN MACHT SICH IHR WISSEN BEZAHLT

AF131160

- Wir veröffentlichen Ihre Hausarbeit,
  Bachelor- und Masterarbeit

- Ihr eigenes eBook und Buch -
  weltweit in allen wichtigen Shops

- Verdienen Sie an jedem Verkauf

Jetzt bei www.GRIN.com hochladen und kostenlos publizieren

Bibliografische Information der Deutschen Nationalbibliothek:

Die Deutsche Bibliothek verzeichnet diese Publikation in der Deutschen National-
bibliografie; detaillierte bibliografische Daten sind im Internet über http://dnb.d-
nb.de/ abrufbar.

Impressum:

Copyright © 2015 GRIN Verlag, Open Publishing GmbH
Druck und Bindung: Books on Demand GmbH, Norderstedt Germany
ISBN: 978-3-668-12034-1

Dieses Buch bei GRIN:

http://www.grin.com/de/e-book/313337/erstellung-einer-wissensbilanz-anhand-der-
muster-gmbh

René Baldus

Erstellung einer Wissensbilanz anhand der Muster GmbH

GRIN Verlag

GRIN - Your knowledge has value

Der GRIN Verlag publiziert seit 1998 wissenschaftliche Arbeiten von Studenten, Hochschullehrern und anderen Akademikern als eBook und gedrucktes Buch. Die Verlagswebsite www.grin.com ist die ideale Plattform zur Veröffentlichung von Hausarbeiten, Abschlussarbeiten, wissenschaftlichen Aufsätzen, Dissertationen und Fachbüchern.

Besuchen Sie uns im Internet:

http://www.grin.com/

http://www.facebook.com/grincom

http://www.twitter.com/grin_com

Fachhochschule Osnabrück
Fakultät WiSo
Bachelor Betriebswirtschaft und Management

Theoretische Erstellung und Beispiel einer Wissensbilanz

Seminararbeit im Fach „Knowledge Management"

Verfasser: René Maria Baldus

Datum der Abgabe: 06.01.2015

1 Einleitung zu Wissensbilanzen

In der heutigen Zeit gibt es bei der Muster GmbH viele Kennzahlen, die den Erfolg des Unternehmens errechnen und bewerten. Jedoch kann durch diese allein nicht die Zukunftsfähigkeit des Unternehmens bewertet werden. Hierzu müssen wichtige Angaben, wie zum Beispiel das Potenzial der Mitarbeiter, die Effizienz der Wertschöpfungskette und die Zukunftsträchtigkeit der Innovationen miteinbezogen werden. In der üblichen Bilanz sind diese Werte nicht enthalten, weswegen eine zusätzliche Bilanz erstellt werden muss. Das ist der Zweck einer Wissensbilanz. Diese soll das intellektuelle Kapital erfassen, bewerten und aufzeichnen, um damit:

- wichtige Managemententscheidungen zu treffen
- ggf. auftretenden Schwachstellen vorzubeugen
- wichtige Informationen für Investoren und Gesellschafter bereitzustellen

Die Ressource „Wissen" wird durch das große Potenzial in Zukunft immer mehr an Wert gewinnen und für die Muster GmbH immer wichtiger werden, um an den hart umkämpften internationalen Markt bestehen zu können.

Die Hausarbeit befasst sich mit den grundsächlichen Anforderungen an eine Wissensbilanz und der theoretischen und praktischen Umsetzung anhand der fiktiven MusterGmbH. Als erstes wird der Begriff der Wissensbilanz genauer definiert, um dann auf die Anforderungen einzugehen, die das HGB und die International Financial Reporting Standards (IFRS) stellen. Ein weiterer wichtiger Punkt sind die Schwierigkeiten bei der Erfassung und der Bewertung des intellektuellen Kapitals. Danach folgt eine kurze Aufnahme des aktuellen Standes bzgl. des Themas Wissensbilanz bei der Muster GmbH. Eine theoretische Erklärung für die Erstellung und Einführung einer Wissensbilanz innerhalb eines Unternehmens folgt, die dann mit fiktiven Werten für Muster GmbH umgesetzt wird.

2 Wissenswertes über die Wissensbilanz

2.1 Definition der Wissensbilanz

Der Englische Begriff „intellectual capital" ist der richtige internationale Begriff, wenn in Deutschland über das Thema „Wissensbilanzen" geredet wird.[1] Der deutsche Begriff ist eine freie Übersetzung aus dem Englischen und trotz zahlreicher Versionen zur Definition des Begriffes „Wissensbilanz" hat sich noch keine einheitliche Definition herauskristallisiert. Jedoch kann gesagt werden, dass eine „Wissensbilanz" sich aus dem intellektuellen Kapital eines Unternehmens zusammensetzt, welches wiederum in drei verschiedene Bereiche unterteilt und definiert werden kann: dem Humankapital, dem Strukturkapital und dem Beziehungskapital.[2]

Das Humankapital misst alle Komponenten, die von den Mitarbeitern innerhalb des Unternehmens ausgehen. Dazu zählen unter anderem die Kompetenz und Motivation der Mitarbeiter, sowie deren Qualifikationsgrad. Wenn ein Mitarbeiter das Unternehmen verlässt, geht auch sein Anteil am Humankapital.

Das Strukturkapital wird als das angesehen, was die Mitarbeiter benötigen, um ihre Geschäftätigkeit durchzuführen.[3] Hier werden Faktoren wie die Informationstechnik, die Effizienz der Wertschöpfungskette, Innovationen etc. gewertet.

Zu dem Beziehungskapital zählen alle Beziehungen zu Lieferanten, Kunden und anderen Organisationen. Diese müssen nach bestimmten Kriterien bewertet werden, bevor sie miteinbezogen werden können.

Zu den drei bereits genannten Kapitalen steht es dem Unternehmen frei, noch weitere Faktoren in der Wissensbilanz zu erwähnen. Beispiele dafür wären die Visionen und die Geschäftsstrategie des Unternehmen, das Geschäftsumfeld, Wissensziele etc..

---

[1] Vgl. K. Mertins, K. Alwert u. P. Heisig (2005) S.3
[2] Vgl. K. Alwert; M. Bornemann; M. Will; S. Wuscher (2013) S. 18 ff
[3] Vgl. K. Alwert; M. Bornemann; M. Will; S. Wuscher (2013) S. 18 f

2.2 Gesetzliche Standards

Sowohl die Deutschen Rechnungslegungs Standards (DRS) als auch die IFRS probieren die Ausweisung des intellektuellen Kapitals voranzutreiben.[4] Durch die Schwierigkeit der Messbarkeit gibt es nur wenig direkte Vorgaben über die Ausweisung des intellektuellen Kapitals in der Bilanz. Es wird empfohlen, dieses im Anhang des Geschäftsjahresberichtes anzufügen.

Im „Entwurf Deutscher Rechnungslegungs Standard Nr. 20" sind bestimme Vorschläge gemacht, wie die einzelnen Kapitale (Humankapital, Strukturkapital und Beziehungskapital) gemessen werden können[5]. Darauf wird in dem nächsten Abschnitt näher eingegangen.

2.3 Schwierigkeiten bei der Bewertung von Wissen

Bei der Darstellung der herkömmlichen Bilanzpositionen ist es einfach, diese zu erfassen und sie zu bewerten, denn diese können mit unseren sechs Sinnen wahrgenommen werden.[6]

Aber wie sieht es mit dem intellektuellen Kapital diesbezüglich aus? Wir können das Potenzial unserer Mitarbeiter nicht bemessen.

Um das intellektuelle Kapital zu messen, müssen relevante Faktoren bestimmt werden, welche für die Bewertung wichtig sind.[7] Bei der Messung ist darauf zu achten, dass „eine konkrete Eigenschaft eines „Messgegenstandes" herausgegriffen und genau beschrieben wird. Zudem muss ein geeigneter Maßstab festgelegt werden."[8]

Das bedeutet, dass für jedes der drei Kapitale (Humankapital, Strukturkapital und Beziehungskapital) andere Indikatoren wichtig sind. Diese müssen individuell bestimmt werden und die Berechnung muss in jeder Periode identisch mit der Vorigen sein, um eine Vergleichbarkeit der Kennzahlen zu ermöglichen.

---

[4] Vgl. K. Mertins, K. Alwert u. P. Heisig (2005) S.5
[5] Vgl. K. Mertins, K. Alwert u. P. Heisig (2005) S.6
[6] Vgl. K. Mertins, K. Alwert u. P. Heisig (2005) S.19 ff
[7] Vgl. K. Alwert; M. Bornemann; M. Will; S. Wuscher (2013) S. 18 ff
[8] K. Mertins, K. Alwert u. P. Heisig (2005) S.20

3 Entwicklung einer Wissensbilanz (theoretischer Ansatz)

Aktuell wurde bei der Muster GmbH noch keine Wissensbilanz erhoben. Zudem wurden noch keine Forschungen oder Projekte in diesbezügliche Richtung vorgenommen, so dass die Ressource „Wissen" noch nicht optimal ausgeschöpft wird.

Deswegen wird die praktische Umsetzung der Wissensbilanz nur mit fiktiven Zahlen und Werten erfolgen. Vorerst wird der theoretische Ansatz zur Erstellung einer Wissensbilanz aufgezeigt.

Der komplette theoretische Ansatz zum Aufbau einer Wissensbilanz, sowie die Definitionen basieren auf der von Alwert, Bornemann, Will und Wuscher veröffentlichten "Wissensbilanz – Made in Germany" Broschüre.[9] Für die Erstellung einer Wissensbilanz sind acht verschiedene Schritte zu durchlaufen. Als Software-Tool wird hier auf die, vom Bundesministerium für Wirtschaft und Technologie (BMWi) bereitgestellte, „Wissensbilanz-Toolbox" [10] eingegangen. Diese ist auf der vorher genannten Broschüre aufgebaut und steht kostenlos zur Verfügung.

Vorbereitung:

In der Vorbereitung sollte sich eine Person mit dem Thema der Wissensbilanz und der Wissensbilanz-Toolbox auseinandersetzen. Diese Person wird dann später ein Projektteam leiten und die treibende Kraft innerhalb dieses Projektes sein. Vorzugsweise sollten die Teammitglieder des Projektteams aus verschiedenen Bereichen des Unternehmens stammen und aus einer guten Mischung von Führungskräften und operativ arbeitenden Mitarbeitern bestehen. Sinnvolle Vorschläge für eine gute Zusammensetzung wären Mitarbeiter aus folgenden Abteilungen: [11]

- Entwicklung
- Produktion
- Vertrieb
- Controlling
- Personal.

---

[9] Vgl. K. Alwert; M. Bornemann; M. Will; S. Wuscher (2013) S. 10 ff
[10] http://www.akwissenbilanz.org/Toolbox/download.htm (Link zum Download der Toolbox)
[11] Vgl. K. Alwert; M. Bornemann; M. Will; S. Wuscher (2013) S. 11 f

Die soeben genannten Abteilungen haben einen guten Überblick über die drei verschiedenen Kapitale. Zudem sollte noch ein Mitglied aus:

- der Geschäftsführung
- dem Betriebsrat

das Projekt begleiten. Diese haben den Überblick über Strategien, Vision, das Geschäftsumfeld etc..

3.1 Schritt 1: Beschreibung des Geschäftsmodelles

Der erste Schritt innerhalb des Projektteams ist die Beschreibung des Geschäftsmodelles, welches dann die Rahmenbedingungen für die restlichen Schritte darstellt. Es kann aus bis zu 6 Faktoren bestehen[12]:

- Der Betrachtungsbereich
- Das Geschäftsumfeld,
- Die Visionen des Unternehmens
- Die Strategie
- Die Wertschöpfungskette
- Der Geschäftserfolg

Diese Faktoren werden in dem 1. Schritt in der Toolbox eingetragen und sind laut dem BMWi wie folgt definiert:[13]

Der *Betrachtungsbereich* legt fest, in welchen Teilen des Unternehmens das intellektuelle Kapital betrachtet werden soll. Nur die hier bestimmten Teile fließen später in die Wissensbilanz ein. Unterschieden werden kann hier zwischen der Unternehmensebene und der Konzernebene oder den verschiedenen Geschäftsfeldern.

Das *Geschäftsumfeld* stellt die Risiken, sowie die Chancen des Unternehmens dar, genauso wie momentane Trends und die Position auf den verschiedenen Märkten gegenüber der Konkurrenz. Doch nicht nur die Absatzseite sollte hier betrachtet werden, sondern auch die Beschaffungsseite. Dazu gehören Fragen wie: Welche Rohstoffe oder Vorprodukte können teurer oder billiger werden, woher werden diese bezogen und gibt es in der nahen Zukunft evtl. Probleme bei der Beschaffung? Um das

---

[12] Vgl. K. Alwert; M. Bornemann; M. Will; S. Wuscher (2013) S. 14 ff
[13] Vgl. K. Alwert; M. Bornemann; M. Will; S. Wuscher (2013) S. 15 ff

Ganze gut einordnen zu können, ist eine Darstellung der Konjunkturlage angebracht.

Visionen sind die langfristige Zielsetzungen des Unternehmen, die durch das Eingehen auf eine bestimmte Strategie erreicht werden sollen. Die *Strategie* kann dabei in zwei Bereiche eingeteilt werden. Zum einen die Geschäftsstrategie, die beschreibt, wie das Unternehmen langfristig erfolgreich sein will, und zum anderen die Wissensstrategie. Diese zeigt auf, wie mit dem intellektuellen Kapital umgegangen werden soll. Beispiele für die Wissensstrategie wären der Ausbau der Führungskompetenzen, oder eine bessere Wissenskommunikation zwischen den einzelnen Abteilungen.

Bei der *Wertschöpfungskette* sollen die wertschöpfenden Prozesse beschrieben und ihre Zusammenhänge offengelegt werden.

Die angestrebten Ziele bilden als *Geschäftserfolg* den letzten Unterpunkt in der Beschreibung des Geschäftsmodelles. Hier können sowohl immaterielle (besonderes Image), als auch materielle (Expansionen des Unternehmens) und finanzielle (besseres Finanzergebnis) Ziele beschrieben werden.

3.2 Schritt 2: Definition des intellektuellen Kapitals

Bei der Definition des intellektuellen Kapitals wird zwischen dem Humankapital, dem Strukturkapital und dem Beziehungskapital unterschieden. Die Definition wurde im Punkt 2.1 in dieser Hausarbeit schon näher erläutert. Nun müssen für die drei Kapitalarten genaue Einflussfaktoren bestimmt werden. Diese haben einen direkten Einfluss auf den Erfolg des Unternehmens. Alwert, Bornemann, Will und Wuscher beschreiben diese Faktoren wie folgt:[14]

Humankapital: Bei dem Humankapital handelt es sich um das intellektuelle Kapital, welches die Mitarbeiter mitbringen. Hier muss hinterfragt werden, was die Mitarbeiter zwingend benötigen, um den Erfolg des Unternehmens zu steigern. Dazu zählen Qualifikationen, Kompetenzen und die Einstellung. Dazu kommt noch, was jeder neue Mitarbeiter zwingend lernen muss, damit grundsätzliche Abläufe kennengelernt und somit effektiver gearbeitet werden kann.

---

[14] Vgl. K. Alwert; M. Bornemann; M. Will; S. Wuscher (2013) S. 18 ff

Strukturkapital:	Bei dem Strukturkapital soll erfasst werden, was die Wertschöpfungskette effektiver macht. Beispiel wäre eine optimierte Fertigung, ohne lange Transsportwege zwischen den einzelnen Stationen. Weitere Faktoren die hier dazugehören, sind die interne Kooperation, also wie arbeiten die Mitarbeiter in den Abteilungen zusammen und wie gut ist die Kommunikation zwischen den Schnittstellen.
Beziehungskapital:	Zu dem Beziehungskapital gehören die Beziehungen zu verschiedenen Unternehmen und Organisationen. Fragen, die das beantworten sollen, wären zum Beispiel: Woher kommen die Vorprodukte und wie stehen die Kunden zu dem Unternehmen? Von welchen externen Personen und Organisationen wird das Unternehmen unterstützen?

In der Toolbox sind schon Standardeinflussfaktoren enthalten, die je nach Bedarf angepasst werden können.

3.3 Schritt 3: Bewertung des definierten intellektuellen Kapitals

Bei der Bewertung werden die in Schritt 2. festgelegten Einflussfaktoren und die Faktoren für den Geschäftserfolg, sowie die Prozesse in Hinblick auf die Qualität (Q_i), die Quantität(Q_n) und die Systematik (S_y) bewertet. Während die Q_i etwas über das Niveau aussagt, wird bei der Q_n hinterfragt, ob die Menge der Einflussfaktoren ausreichend ist. Die S_y beschreibt die Pflege der Aktualität der Faktoren.[15]

Für die Bewertung ist ein mehrstufiges Bewertungssystem zu bevorzugen, welches in Prozent dargestellt und in Abschnitte unterteilt ist. Die Abschnitte werden mit Smileys zusammengefasst.

---

[15] Vgl. K. Alwert; M. Bornemann; M. Will; S. Wuscher (2013) S. 21

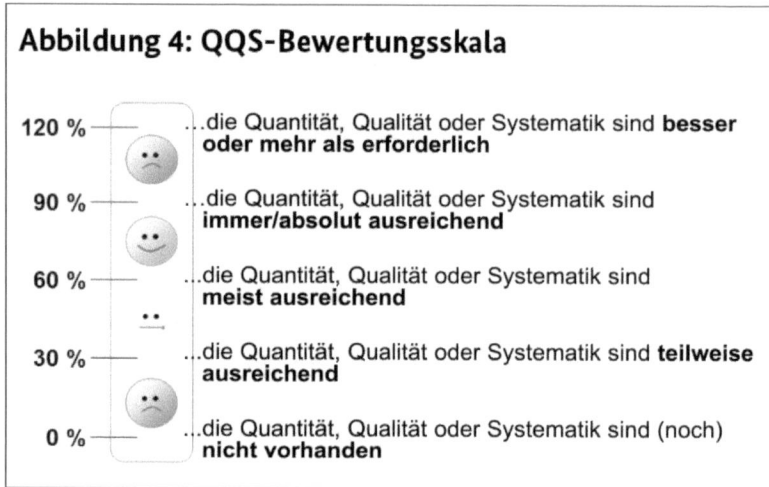

Abbildung 4: QQS-Bewertungsskala

120 % —— ...die Quantität, Qualität oder Systematik sind **besser oder mehr als erforderlich**

90 % —— ...die Quantität, Qualität oder Systematik sind **immer/absolut ausreichend**

60 % —— ...die Quantität, Qualität oder Systematik sind **meist ausreichend**

30 % —— ...die Quantität, Qualität oder Systematik sind **teilweise ausreichend**

0 % —— ...die Quantität, Qualität oder Systematik sind (noch) **nicht vorhanden**

Quellenangabe: Abb. 4; K. Alwert; M. Bornemann; M. Will; S. Wuscher (2013) S. 22

Zusätzlich zu den Bewertungsgrößen sollte auch eine Beurteilung zu den jeweiligen Faktoren geschrieben werden, um die Bewertung später besser nachvollziehen zu können und Schwachstellen zu erkennen.[16]

3.4 Schritt 4: Messung des intellektuellen Kapitals

Im 4. Schritt werden die definierten Einflussfaktoren durch eine Kennzahl ergänzt. Diese steigert nicht nur die Transparenz, sondern bietet auch Werte zum Vergleich zwischen verschiedenen Perioden an. Aus Kosten- und Aufwandsgründen lohnt es sich nicht, immer für jede Einflussgröße eine Kennzahl zu hinterlegen. Deswegen sollten die Einflussfaktoren, die eine direkte Auswirkung auf den Unternehmenserfolg haben, bevorzugt werden.[17]

---

[16] Vgl. K. Alwert; M. Bornemann; M. Will; S. Wuscher (2013) S. 22 f
[17] Vgl. K. Alwert; M. Bornemann; M. Will; S. Wuscher (2013) S. 26 ff

Als erstes sollte eine Beschreibung der Kennzahl erfolgen. Danach sind die Datenherkunft und eine geeignete Maßeinheit (Prozent, Euro etc.) festzulegen. Nun folgt noch eine Einstufung des später berechneten Wertes in „gut", „mittel" (teils: teils) und „schlecht", bevor die Messung mit der Berechnung der Kennziffer, zusammen mit einer kurzen Begründung endet.[18] Durch die Einstufung kann der berechnete Wert genau eingestuft werden. Daraus lassen sich später auch Maßnahmen ableiten, die zu einer Verbesserung des Wertes führen.

3.5 Schritt 5: Zusammenhänge der Einflussfaktoren

Die Zusammenhänge der Einflussfaktoren zeigen auf, was bei einem bestimmten Faktor passiert, wenn ein anderer sich verändert. Dabei werden zwei verschiedene Wirkungen berücksichtigt. Zum einen ist das die Hebelwirkung und zum anderen ist es die Dauer bis zum Eintreffen der Wirkung. Die Bewertung erfolgt in einem 7-Stufen-System für die Hebelwirkung und in einem 4-Stufen-System für die Wirkungsdauer bis zum Eintreffen der Wirkung.[19]

Wirkungsstärke	Wirkungsdauer
-3 = negative starke Wirkung -2 = negativ mittlere Wirkung -1 = negativ schwache Wirkung 0 = keine Wirkung 1 = schwache Wirkung 2 = mittlere Wirkung 3 = starke Wirkung	A = sofort B = kurzfristig C = mittelfristig D = langfristig

Wobei die Fristigkeiten vom Unternehmen am Anfang der Toolbox selber bestimmt werden können, da diese Werte branchenabhängig sein können. Für eine bessere Übersicht werden die Zusammenhänge in eine Matrix eingetragen. Zu einem späteren Zeitpunkt können diese auch grafisch dargestellt werden.

---

[18] Vgl. K. Alwert; M. Bornemann; M. Will; S. Wuscher (2013) S. 26 ff
[19] Vgl. K. Alwert; M. Bornemann; M. Will; S. Wuscher (2013) S. 31 ff

Jeweils am unteren Ende und am rechten Rand der Matrix gibt es zum einen die Passivsumme und die Aktivsumme. Die Aktivsumme gibt die Summe der Auswirkungen auf andere Einflussfaktoren an und die Passivsumme gibt an, wie viele anderen Faktoren Auswirkungen auf die Einflussgröße haben.[20]

3.6 Schritt 6: Darstellung und Auswertung der bisherigen Ergebnisse

Nun werden die bisher gesammelten Daten ausgewertet und in Diagrammen dargestellt. Daraus lässt sich der Handlungsbedarf der verschiedenen Einflussfaktoren ablesen. Es gibt unterschiedliche Darstellungsvarianten, die verschiedene Definitionsspielräume zulassen.

Potenzial-Portfolio:[21]

Bei dieser Darstellung werden die Wirkungsanalyse (y-Achse) und die momentane Bewertung (x-Achse) in Beziehung gesetzt. Sollte ein Einflussfaktor eine hohe Auswirkung und eine geringe momentane Bewertung haben, besteht bei diesem Einflussfaktor Handlungsbedarf, da sich dieser sehr stark auf den Geschäftserfolg auswirkt. Bei Punkten mit einer hohen Bewertung sollte geschaut werden, dass diese sich nicht verschlechtern. Bei Punkten, die unten links (niedrige Wirkung und schlechte Bewertung) liegen, ist eine Verbesserung nachrangig.[22]

Diverse QQS-Diagramme: [23]

Diese Darstellungen bieten eine übersichtlichere Darstellung der Ist-Werte (der Einflussfaktoren) aus Schritt 3. Meistens kann auf einen Blick erkannt werden, bei welchen noch Handlungsbedarf besteht.

---

[20] Vgl. K. Alwert; M. Bornemann; M. Will; S. Wuscher (2013) S. 32 f
[21] S. Anhang III ‚A.1: „Abbildung 7: Potenzial-Portfolio
[22] Vgl. K. Alwert; M. Bornemann; M. Will; S. Wuscher (2013) S. 34 ff
[23] S. Anhang III ‚A.2: Abb. 9:QQS-Portfolio mit visualisierter Standardinterpretation, u. A.3: Abb. 11: QQS-Profildiagramm über die Systematik

QQS-Zeitreihe:[24]

In diesem Diagramm werden die verschiedenen Kapitale über verschiedene Perioden miteinander verglichen.[25]

Diverse Wirkungsanalysen-Diagramme:[26]

Hier lassen sich die Aktiv- und Passivsummen leicht auslesen. Zudem ist die Streubarkeit zu sehen, welche die Wirkungskraft auf andere Einflussfaktoren wiedergibt. Ist diese >1 dann ist dieser Einflussfaktor gut zur Verbesserung geeignet.[27]

Wirkungsnetz:[28]

Das Wirkungsnetz zeigt die grafische Darstellung, welcher Einflussfaktor welche Veränderung bewirkt.

Durch die verschiedenen Darstellungen lassen sich die Faktoren mit der größten Hebelwirkung und mit dem größten Handlungsbedarf auswerten. Darauf können nun zukünftige Entscheidungen aufgebaut werden.

3.7 Schritt 7: Maßnahmen treffen

Die nun entdeckten Defizite bei den Einflussfaktoren sind die Ansatzpunkte für die Verbesserung des intellektuellen Kapitals. Dabei sind vor allem die Faktoren mit dem größten Entwicklungspotenzial zu berücksichtigen. Diese haben bei einer Steigerung die größte positive Auswirkung auf den Unternehmenserfolg. Für eine Steigerung müssen Maßnahmen ergriffen werden, die sich auch auf den Einflussfaktor auswirken. Das kann sowohl in der qualitativen, als auch in der quantitativen oder in der systematischen Hinsicht passieren. Die Maßnahmen müssen klar definiert sein und eine Angabe von Soll-Werten bringt eine gute Zielvorgabe. Beachtet werden sollte auch, dass die Maßnahme für einen Einflussfaktor noch Auswirkung auf andere Faktoren hat.[29]

---

[24] S. Anhang III „A.4: Zeitreihe nach Kapitalarten in der Übersicht
[25] Vgl. K. Alwert; M. Bornemann; M. Will; S. Wuscher (2013) S. 40 f
[26] S. Anhang III „A.5: Abb. 13: Tabelle Wirkungsanalyse
[27] Vgl. K. Alwert; M. Bornemann; M. Will; S. Wuscher (2013) S. 41 ff
[28] S. Anhang III „A.6: Abb. 15: Tabelle Wirkungsanalyse
[29] Vgl. K. Alwert; M. Bornemann; M. Will; S. Wuscher (2013) S. 45 ff

3.8 Schritt 8: Zusammenstellung einer offiziellen Wissensbilanz

Der letzte Schritt befasst sich mit der Zusammenstellung der Daten für eine Wissensbilanz, für das Unternehmen oder für andere Organisationen/Personen. Hierbei sollte dabei unterschieden werden, ob die Wissensbilanz intern genutzt oder ob diese an externe Organe weitergeleitet wird. Je nachdem, welche Daten preisgegeben werden sollen, können diese ganz leicht in der Toolbox ausgewählt und danach exportiert werden.[30]

Die interne Version kann alle Informationen enthalten und sollte für die Mitarbeiter sichtbar sein. Dadurch werden die Mitarbeiter sehen, in welchen Bereichen es noch Verbesserungspotenzial gibt und können so eigene Ideen zur Verbesserung vorschlagen.[31]

Bei der externen Version ist es sinnvoll, die Diagramme zusammen mit einem beschreibenden Text und deren Maßnahmen zur Verbesserung bestimmter Faktoren zu veröffentlichen. Zudem kann durch eine Veröffentlichung von bestimmten Kennzahlen die Glaubwürdigkeit erhöht werden. Die Wissensbilanz kann gut als Anhang den Geschäftsbericht ergänzen.[32]

---

[30] Vgl. K. Alwert; M. Bornemann; M. Will; S. Wuscher (2013) S. 47 ff
[31] Vgl. K. Alwert; M. Bornemann; M. Will; S. Wuscher (2013) S. 48 ff
[32] Vgl. K. Alwert; M. Bornemann; M. Will; S. Wuscher (2013) S. 48 ff

4 Beispiel Wissensbilanz der Muster GmbH

Anhand des oben beschriebenen Absatzes und mithilfe der „Wissensbilanz-Toolbox" wird jetzt eine „Beispiel-Wissensbilanz" für die Muster GmbH erstellt. Wegen fehlender Werte werden fiktive Daten und Zahlen angenommen.

Wissensbilanz Muster GmbH

Da die Ressource „Wissen" immer mehr an Wert gewinnt, wurde in der Muster GmbH beschlossen, dass intellektuelle Kapital zu analysieren, zu bewerten und zu fördern. Dies soll helfen, die Prozesse zu verbessern, den Unternehmenserfolg zu steigern und somit Arbeitsplätze der Mitarbeiter zu sichern.

Geschäftsmodell

Um der Wissensbilanz einen Rahmen zu geben, wird hier kurz das Geschäftsmodell des Unternehmens vorgestellt:

Bilanzierungsbereich: Der Bilanzierungsbereich der Firma Muster GmbH sind die Werke 1 und das Werk 2.

Geschäftsumfeld: Die Muster GmbH ist ein großes mittelständisches Unternehmen, welches Landmaschinen im Bereich der Rüben-,Kartoffel- und Gemüsetechnik herstellt. Das Unternehmen vertreibt weltweit und beschäftigt über 5000 Mitarbeiter.

Die Branche der Landmaschinentechnik wird stark von Innovationen geleitet und ist sehr techniklastig. Der Markt für Landmaschinen wird auf ca. 80 Milliarden Dollar weltweit geschätzt und ist stark umkämpft. Dies fordert Unternehmen dazu auf, immer neue Innovationen zu entwickeln.

Chancen:

Durch die gute Entwicklung des autonomen Fahrens von Landmaschinen hat die Muster GmbH einen zukunftsträchtigen Weg eingeschlagen. Zudem kommt eine intensive Kundenbetreuung dem Unternehmen zugute, was die Zufriedenheit der Kunden deutlich steigert.

Risiken:

Durch politische Unruhen können Länder nicht ausreichende Gewährleistung für eine sichere Abnahme von Landmaschinen bieten.

Visionen:

Die Geschäftspolitik ist auf eine Ausweitung des Produktportfolios und eine Sicherung der Arbeitsplätze ausgelegt.

Durch eine starke Kundenorientierung sollen Kunden gehalten und somit Marktanteile behauptet und neue Märkte erschlossen werden.

Strategie:

- optimierte Wertschöpfungskette: Durch eine Optimierung der Wertschöpfungskette sollen Kosten und Durchlaufzeiten reduziert werden, um effizienter produzieren zu können.

- Kundenzufriedenheit: Durch den schnellen und guten Service an den Kunden soll die Kundenzufriedenheit kontinuierlich gesteigert werden.

- Wachstum: Durch den Zukauf von Unternehmen sollen neue Märkte erschlossen werden.

Geschäftsprozesse:

1. Kernprozesse – Die Kernprozesse sind die wertschöpfenden Tätigkeiten innerhalb des Unternehmens. Sie beginnen mit dem Kundenwunsch und enden mit dem Versand der Maschine.

2. Begleitende Prozesse – Die begleitenden Prozesse

sollen die Kernprozesse unterstützen und aufwerten.

Geschäftserfolg: Es wurden folgende Ziele definiert:

                       - Rentabilitätssteigerung (Umsatzrentabilitätssteigerung)

                       - Wachstumssteigerung (Mitarbeiterwachstum)

                       - Sehr hohe Kundenzufriedenheit

Intellektuelles Kapital

Es gibt drei verschiedene Kapitalarten, für die jeweils Einflussfaktoren definiert wurden. Diese haben sich als besonders wichtig in Bezug auf den Unternehmenserfolg herausgestellt.

Humankapital

- Fachkompetenz

Unter Fachkompetenzen wird die fachliche Qualifikation der Mitarbeiter verstanden, die durch die Berufsausbildung, Schulungen, Seminare und eventuell eine akademische Laufbahn erworben werden. Ein wichtiger Teil der Fachkompetenz sind die praktischen Erfahrungen der Mitarbeiter, welche durch die berufliche Laufbahn innerhalb und außerhalb der Organisation aufgebaut werden.

- Mitarbeitermotivation

Motivation beschreibt die Bereitschaft der Mitarbeiter, sich einzubringen, Aufgaben flexibel und engagiert zu erledigen, Verantwortung zu übernehmen und einen offenen Wissensaustausch zu leben.

Strukturkapital

- Informationstechnik

Informationstechnik beschreibt die Hardware des computergestützten Arbeitsumfeldes. Hinzuzuzählen sind z.B. spezielle technische Arbeitssysteme, Netzwerke, Fileserver, Intra- und Extranets, Videokommunikation, etc.

- Innovation

Innovationen beschreiben alle (erstmaligen) Veränderungen mit einer großen Tragweite für die Zukunft und Erneuerung des Unternehmens. Sie schaffen neue Produkte oder verändern Produkte grundlegend und können ggf. mit einer Patentanmeldung einhergehen. Innovationen dienen auch der Optimierung und Verbesserung an internen Verfahren und Prozessen. Hierzu gehören z.B. die kontinuierliche Verbesserung aller Geschäftsprozesse sowie das Ideenmanagement zur Erfassung von Verbesserungsvorschlägen.

Beziehungskapital

- Kundenbeziehungen

Kundenbeziehungen beschreiben die geschäftsrelevanten Beziehungen zu ehemaligen, aktuellen und zukünftigen Kunden. Unter das Management dieser Beziehungen fallen alle Aktivitäten wie Vertrieb, Marketing und die persönliche Pflege der Kunden durch Mitarbeiter.

- Lieferantenbeziehungen

Lieferantenbeziehungen beschreiben die Beziehungen zu ehemaligen, aktuellen und zukünftigen Lieferanten. Unter das Management dieser Beziehungen fallen u.a. alle Aktivitäten des Einkaufes sowie allgemeine Lieferantenpflege.

Bewertung der Einflussfaktoren

Die Einflussfaktoren wurden in Hinblick auf die Quantität (Qn), Die Qualität (Qi) und die Systematik (Sy) wie folgt bewertet:

ID	Einflussfaktor	QQS-Bewertung 2014 in %		
		Qn-Ist	Ql-Ist	Sy-Ist
GP-1	Kernprozesse	90	60	90
GP-2	Begleitende Prozesse	70	90	50
GE-1	Rentabilität	-	40	-
GE-2	Wachstum	100	30	-
GE-3	Kundenzufriedenheit	70	90	70
HK-1	Fachkompetenz	60	70	50
HK-2	Mitarbeitermotivation	-	40	-
SK-1	Informationstechnik	60	-	90
SK-2	Innovation	60	80	110
BK-1	Kundenbeziehungen	100	90	90
BK-2	Lieferantenbeziehungen	20	90	-
Gesamt		70,0	68,0	78,6

	Zusammenfassung 2014 in %		
	Qn-Ist	Ql-Ist	Sy-Ist
Geschäftsprozesse	80,0	75,0	70,0
Geschäftserfolge	85,0	53,3	70,0
Humankapital	60,0	55,0	50,0
Strukturkapital	60,0	80,0	100,0
Beziehungskapital	60,0	90,0	90,0

Bewertung der Einflussfaktoren

Damit die Einflussfaktoren transparenter sind, wurden diese mit Kennzahlen hinterlegt:

- Rentabilität - Umsatzrentabilität (%)

$$= \frac{Betriebsergebnis - Fkzins}{Umsatzerlöse} * 100 =$$

$$= \frac{30.000 \, Tsd - 10.000 \, Tsd}{400.000 \, Tsd} * 100$$

$$= 5\%$$

- Wachstum - Mitarbeiterwachstum (Anzahl)

   = Neueinstellung von Mitarbeitern pro Jahr

   = 35 Neueinstellungen

- Kundenzufriedenheit - Kundenzufriedenheit (%)

$$= \frac{Anzahl \, Kundenbewertung \, über \, 80 \, \%}{gesamte \, Anzahl} * 100$$

= (347 / 450) * 100

=77%

- Fachkompetenz - Weiterbildungstage (Anzahl)

    = Weiterbildungstage p.a.

    = 2.500 Tage

- Fachkompetenz - Gesamtanzahl der Mitarbeiter (Anzahl)

    = Gesamtmitarbeiteranzahl

    = 5123 Mitarbeiter

- Mitarbeitermotivation - Mitarbeiterzufriedenheit (Note)

    = Durchschnittsnote Mitarbeiterbefragung

    = 2,4

- Informationstechnik - IT – Aufwendungen (€)

    = Aufwendungen für Anschaffung (Hard- /Software) und Support

    =100 Tsd. €

- Innovation - Produkte in Entwicklung (Anzahl)

    = Anzahl der Produkte in der Entwicklung

    = 10 Produkte

- Kundenbeziehung - Anzahl aktueller Kunden (Anzahl)

    = Aktuelle Kundenanzahl im Geschäftsjahr

    = 8.000 Kunden

- Lieferantenbeziehung - Anzahl aktueller Lieferanten (Anzahl)

    = Aktuelle Lieferantenanzahl

    = 5 Lieferanten

Wirkung der Einflussfaktoren

In diesem Diagramm werden die Einflussfaktoren in Beziehung gesetzt zwischen ihren Hebelwirkungen auf andere Faktoren (Aktivsumme) und dem Einfluss von anderen Faktoren (Passivsumme).

Daraus lässt sich schließen, dass positive Veränderungen der Fachkompetenz und der Mitarbeitermotivation große Auswirkungen auf viele andere Faktoren haben.

Potenzial und Maßnahmen

Im Folgenden ist die Bewertung der Einflussfaktoren mit ihrer Gewichtung in Beziehung gesetzt:

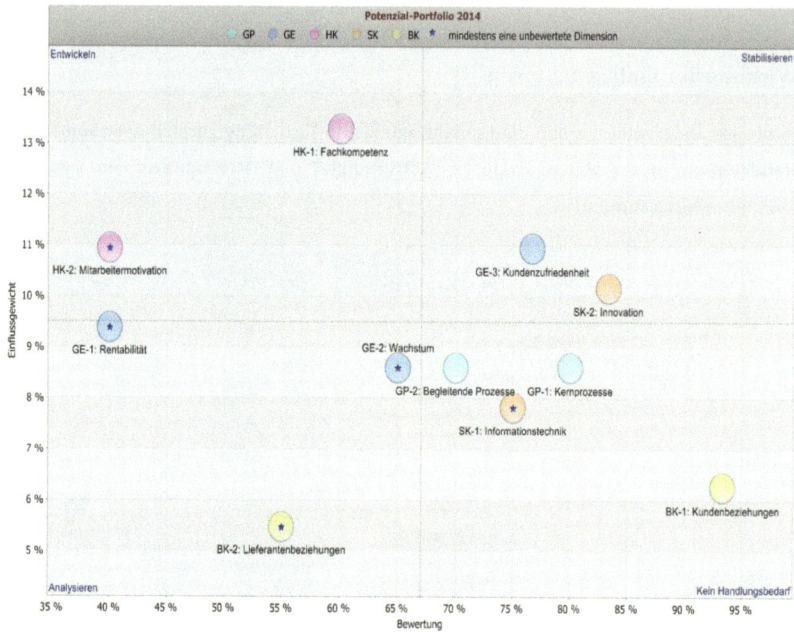

Aus dem Diagramm ist ersichtlich, dass die Fachkompetenz eine schlechte Bewertung und ein sehr hohes Einflussgewicht hat. Dies liegt daran, dass zZ. viele neue Techniken auf dem Markt erschienen sind, die nicht alle zur gleichen Zeit eingeführt und perfektioniert werden können. Daher muss das Ziel sein, diese Schwachstelle durch folgende Maßnahme zu beseitigen:

- Schulungen der Mitarbeiter in den technisch neuen Bereichen

Die Mitarbeitermotivation wurde als gering eingestuft. Dies liegt an der teilweisen sehr hohen Belastung für einige Mitarbeiter. Folgende Maßnahmen werden für die Behebung ergriffen:

- Neueinstellungen zur Entlastung von Mitarbeitern

- Umstrukturierung

Durch die genannten Maßnahmen soll das intellektuelles Kapital verbessert werden und somit ein wichtiger Schritt für die Zukunft getan werden.

5 Fazit

Auf den ersten Blick scheint eine Wissensbilanz keinen großen Nutzen zu bringen, doch sie ist nicht nur eine Informationsquelle für Investoren, sondern auch ein Steuerungselement, mit dem die Muster GmbH ihr intellektuelles Kapital analysieren, bewerten und vergleichen kann. Aus dieser Bilanz können Schwachstellen erkannt und zur Beseitigung dieser Maßnahmen abgeleitet werden. Zudem werden die Zusammenhänge der Einflussfaktoren dargestellt, wodurch erkannt werden kann, welche Veränderungen bei Faktoren welche Auswirkungen haben. Durch die Verbesserung des intellektuellen Kapitals lässt sich eine nachhaltige Unternehmenswertsteigerung erreichen.

Es ist aber wichtig, auf das Verhältnis zwischen Nutzen und Kosten zu achten, damit Kosten für die Erforschung mancher Faktoren den Nutzen nicht übersteigen.

Für die Erstellung einer Wissensbilanz stellt das Bundesministerium für Wirtschaft und Technologie eine „Wissensbilanz-Toolbox" zur Verfügung, welche zu empfehlen ist. Dadurch wird das Analysieren und Auswerten der Daten leichter gemacht.

Da die Ressource „Wissen" in Zukunft immer wichtiger für Unternehmen sein wird, ist sehr zu empfehlen, sich über eine Einführung einer Wissensbilanz Gedanken zu machen.

II.   Literaturverzeichnis

Alwert, Kay; Bornemann, Manfred; Will, Markus; Wuscher, Sven (2013):
Wissensbilanz – Made in Germany Leitfaden 2.0 zur Erstellung einer
Wissensbilanz [Online]
http://www.bmwi.de/BMWi/Redaktion/PDF/W/wissensmanagement-fw2013-
teil3,property=pdf,bereich=bmwi2012,sprache=de,rwb=true.pdf
(Abgerufen: 02.12.2014)

Mertins, Kai; Alwert, Kay; Heisig, Peter (2005): Wissensbilanzen.
Intellektuelles Kapital erfolgreich nutzen und entwickeln; Berlin, Heidelberg;
Springer-Verlag

III. Anhang

A.1

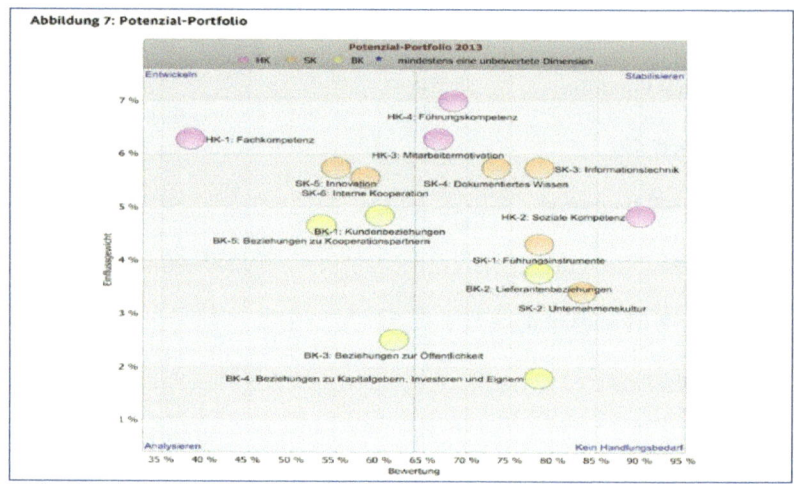

Abbildung 7: Potenzial-Portfolio

Quelle: Abb. 7: BMWi (2013) S. 35

A.2

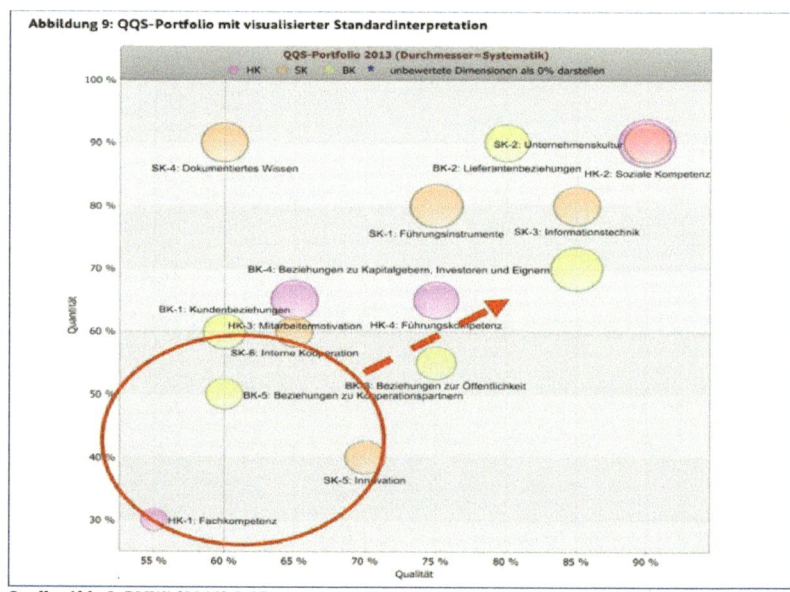

Abbildung 9: QQS-Portfolio mit visualisierter Standardinterpretation

Quelle: Abb. 9: BMWi (2013) S. 37

A.3

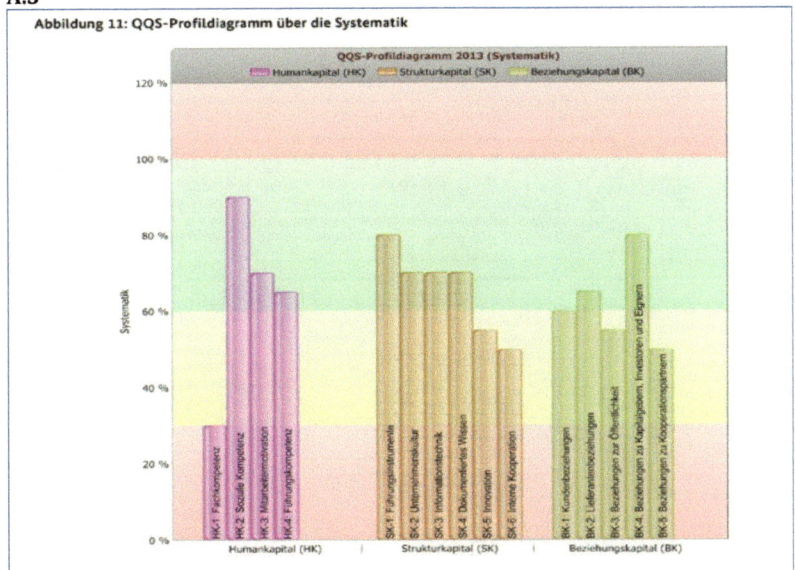

Abbildung 11: QQS-Profildiagramm über die Systematik

Quelle: Abb. 11: BMWi (2013) S. 39

A.4

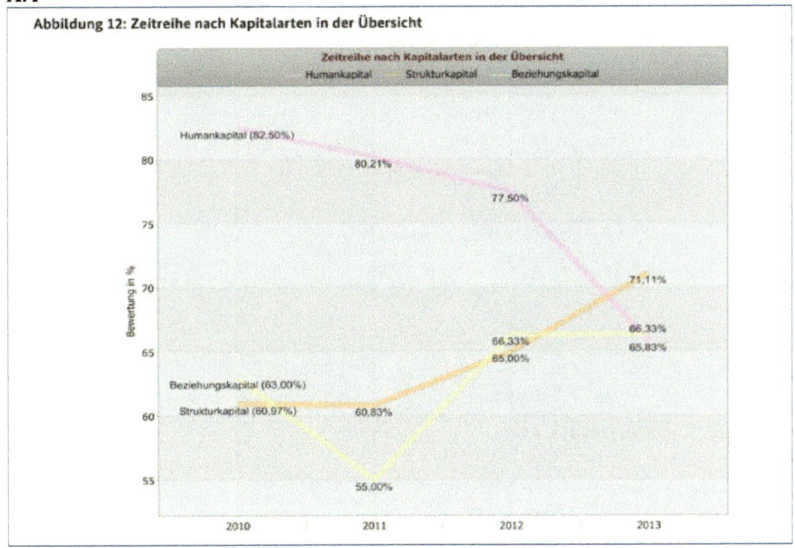

Abbildung 12: Zeitreihe nach Kapitalarten in der Übersicht

Quelle: Abb. 12: BMWi (2013) S. 40

A.5

Abbildung 13: Tabelle Wirkungsanalyse

		Wirkungsanalyse 2013			
ID	Einflussfaktor	Aktivsumme	Passivsumme	Einflussgewicht	Steuerbarkeit
GP-1	Akquisition	30	38	5,38%	0,79
GP-2	Softwareentwicklung	31	35	5,56%	0,89
GP-3	Service & Kundenbetreuung	21	28	3,76%	0,75
GE-1	Wachstum	28	29	5,02%	0,97
GE-2	Image/ Kundenzufriedenheit	25	37	4,48%	0,68
GE-3	Rentabilität	19	32	3,41%	0,59
HK-1	Fachkompetenz	35	22	6,27%	1,59
HK-2	Soziale Kompetenz	27	22	4,84%	1,23
HK-3	Mitarbeitermotivation	35	36	6,27%	0,97
HK-4	Führungskompetenz	39	12	6,99%	3,25
SK-1	Führungsinstrumente	24	11	4,30%	2,18
SK-2	Unternehmenskultur	19	18	3,41%	1,06
SK-3	Informationstechnik	32	23	5,73%	1,39
SK-4	Dokumentiertes Wissen	32	28	5,73%	1,14
SK-5	Innovation	32	33	5,73%	0,97
SK-6	Interne Kooperation	31	25	5,56%	1,24
BK-1	Kundenbeziehungen	27	31	4,84%	0,87
BK-2	Lieferantenbeziehungen	21	19	3,76%	1,11
BK-3	Beziehungen zur Öffentlichkeit	14	17	2,51%	0,82
BK-4	Beziehungen zu Kapitalgebern, Investoren und Eignern	10	32	1,79%	0,31
BK-5	Beziehungen zu Kooperationspartnern	26	30	4,66%	0,87

Quelle: Abb. 13: BMWi (2013) S. 41

A.6

Abbildung 15: Wirkungsnetz mit Generator (dunkle Pfeile)

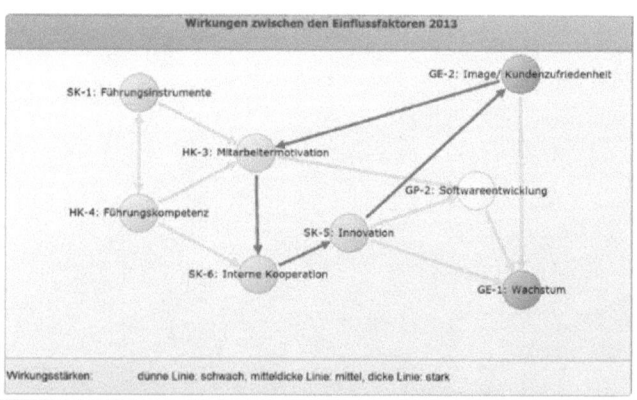

Quelle: Abb. 15: BMWi (2013) S. 43